Comment étudier?

Par

Vania Morrisson

Contenu

Chapitre 1 10

Comment commencer à étudier 10

Méthode 1 : Se motiver 10

1. Gardez une liste des facteurs qui motivent votre désir ou votre besoin d'apprendre. 10

2. Rendre les informations sèches plus attrayantes pour les rendre plus simples à apprendre. 11

3. Pour que vous puissiez voir la fin approcher, réglez une minuterie. 12

4. À la fin de chaque session d'étude, offrez-vous quelque chose pour vous motiver. 12

5. Sollicitez l'aide d'un partenaire d'étude. 13

Méthode 2 : Création d'un programme 14

1. Faites de l'étude une habitude en le faisant tous les jours à la même heure. ..14

2. Établissez un calendrier d'examens afin de pouvoir commencer à étudier à l'avance. 14

3. Divisez les informations dont vous avez besoin pour apprendre en morceaux gérables. 15

4. Fixez-vous un moment pour vous reposer et vous détendre 16

Méthode 3 : Éliminer les distractions 17

1. Avant d'étudier, prenez une collation saine et de l'eau pour vous aider à vous concentrer. 17

2. Avant d'étudier, faites une petite promenade pour améliorer votre concentration. 17

3. Trouvez un endroit où l'environnement ne vous distraira pas. ...18

4. Tous vos appareils électroniques que vous n'utiliserez pas pour étudier doivent être éteints 18

5. Si vous choisissez d'écouter de la musique pendant vos études, soyez sélectif. 19

6. Commencez par régler une minuterie de 10 minutes. 20

Chapitre 2 21

Comment étudier intelligemment ? 21

Comment apprendre plus efficacement et intelligemment 21

1. Acquérir les mêmes connaissances de plusieurs manières. 22

2. Au lieu de vous concentrer sur une ou deux choses, étudiez une variété de sujets chaque jour. 23

3. Au lieu de bachoter, revoyez les faits de temps en temps. 24

4. Prenez place au premier rang. 25

5. Évitez le multitâche. 26

6. Compressez, résumez et simplifiez les informations. 27

7. Écrivez vos notes plutôt que d'utiliser un ordinateur portable. 28

8. Écrivez vos préoccupations par écrit. ..29

9. Évaluez-vous régulièrement. 30

10. Établissez un lien entre ce que vous apprenez et ce que vous savez déjà. 31

11. Dites les faits importants. 32

12. Prévoyez des pauses d'étude périodiques. 34

14. Mettez le processus d'abord plutôt que le résultat. 35

15. Sirotez huit verres d'eau ou plus chaque jour. 37

16. Entraînez-vous trois fois ou plus par semaine. 38

17. Ne restez pas debout toute la nuit et dormez au moins huit heures par nuit. ...38

19. Consommez des œufs et du poulet. .40

Chapitre 3 43

Étudier plus intelligemment, pas plus difficile 43

Lire n'est pas étudier. 43

Les suggestions d'apprentissage actif incluent : 44

Reconnaître le cycle d'études 46

L'espacement est bénéfique. 46

Être intense est bénéfique. 49

La règle d'or est de ne pas se taire. 50

Les problèmes sont de votre côté. 50

Ne faites pas plusieurs tâches, s'il vous plaît 51

Modifier le réglage 52

Reprenez l'enseignement. 53
Soyez maître de votre calendrier. 54
Profitez des temps d'arrêt 56
Utiliser tous les outils disponibles 56
Chapitre 4 57
Comment se souvenir de ce que vous lisez ? ..57
Lecteurs actifs VS lecteurs passifs 57
Bonnes pratiques de lecture 59
La qualité est plus importante que la quantité 59
La lecture rapide est une charge de merde 59
Les services qui résument les livres ratent la cible 60
Les outils et les applications sophistiquées ne sont pas nécessaires. 60
Ne lisez rien que nous trouvons ennuyeux. 60
Il n'est pas nécessaire de finir le livre. 60
Filtrez ce que vous lisez 61
En savoir plus 62
Apprenez votre pourquoi 63

Écrémage averti 63
Adaptez le livre à votre situation 64
Garder à l'esprit ce que vous lisez 65
Prendre des notes 66
Maintenez votre concentration 68
Marquez la page 69
Créer une image mentale détaillée 70
Développer des liens mentaux 70
Observer des modèles mentaux 71
Lorsque vous vous ennuyez, arrêtez 76
Le processus éducatif 78
Utilisez ce que vous avez découvert. 78
Utilisation de la méthode Feynman 79
Vos notes doivent être consultables. 81
Relisez (si nécessaire) 82
Chapitre 5 84
Comment étudier pour les examens 84
Conseils pour étudier en vue d'un examen : conseils généraux 84
1. Maintenir un calendrier d'étude. 84

2. Commencez à étudier plus tôt et passez moins de temps à étudier. 85

3. Éliminer les distractions 86

4. Célébrez vos réalisations en vous récompensant 87

Conseils pour conserver les informations après les avoir apprises 87

5. Reformulez le contenu dans vos propres mots 88

6. Développer des cartes flash 89

7. Transmettre les connaissances aux autres 89

8. Créez vos propres guides d'étude ...90

Étudier pour un examen d'histoire 91

9. Observez les causes et les effets 91

10. Faites vos propres horaires 92

Comment se préparer à un examen de mathématiques 93

11. Refaire les problèmes d'affectation 93

12. Faire une feuille de formule 94

Comment se préparer à un test en anglais .94

13. Prenez des notes pendant la lecture 94

14. Créer des exemples de résumés de dissertation 95

Actions à effectuer la veille de l'examen 96

15. Dormez suffisamment 96

16. Passez en revue les idées clés 97

17. Faites vos devoirs juste avant de vous coucher 97

Chapitre 1

Comment commencer à étudier

Même si les études sont une composante essentielle de l'école, de nombreux élèves trouvent que c'est l'un de leurs plus grands défis. Vous n'êtes pas le seul à avoir du mal à étudier attentivement. Prenez l'habitude d'étudier à la même heure chaque jour, de diviser votre travail en parties gérables et de choisir une friandise pour vous après avoir terminé. Avec de la pratique, vous pouvez transformer vos études en une activité productive qui met fin au cycle de la culpabilité et de la procrastination.

Méthode 1 : Se motiver

1. **Gardez une liste des facteurs qui motivent votre désir ou votre besoin d'apprendre.**

Quelles que soient vos motivations, mettez-les par écrit et conservez-les dans un endroit où vous les verrez fréquemment. Relisez-les chaque fois que vous avez envie de manquer une session d'étude pour réaffirmer votre engagement à faire de votre mieux.

Les études peuvent être faites pour diverses raisons, telles que la préservation d'une bourse, l'entrée dans une université de haut niveau ou simplement pour éviter les problèmes de mauvaises notes. Vous pouvez ajouter n'importe quelle raison, qu'elle soit grande ou petite, à votre liste.

2. **Rendez les informations sèches plus attrayantes pour les rendre plus simples à apprendre.**

Qu'est-ce que cette information a à voir avec ma vie ? Ou "Comment cela me profiterait-il personnellement ?" Par exemple, si le livre que vous devez lire pour le cours d'anglais vous ennuie, réfléchissez à la façon dont vous pouvez vous connecter avec les personnages pour continuer à lire. Ou, si vous rencontrez des difficultés pour étudier la biologie, commencez à être curieux de tout ce que vous pouvez découvrir sur vous et sur les autres créatures vivantes de votre environnement.

Il peut être difficile de s'intéresser à tout, et certains sujets vous échapperont. Cependant, faites tout votre possible pour comprendre comment ce que vous apprenez peut être appliqué à votre propre vie. Cette connexion particulière pourrait piquer suffisamment votre curiosité pour vous garder motivé.

3. Pour que vous puissiez voir la fin approcher, réglez une minuterie.

Personne ne veut passer des heures et des heures à étudier sans jamais s'arrêter. Pendant vos études, accordez-vous des pauses périodiques et programmées. Pour savoir combien de temps vous étudierez à la fin de la journée, vous pouvez également spécifier une heure de fin.

Réglez une minuterie de 30 à 50 minutes pour vos sessions d'étude réelles, faites une pause pendant le temps imparti, puis reprenez votre travail. Si vous savez que la minuterie est sur le point d'expirer, vous étudierez plus efficacement.

Vous pouvez vous engager à travailler jusqu'à l'heure du dîner si vous étudiez directement après l'école, mais vous pouvez également prendre le reste de la soirée. Alternativement, si vous étudiez la nuit, réglez une minuterie sur 30 minutes avant d'aller vous coucher pour vous permettre de vous détendre.

4. À la fin de chaque session d'étude, offrez-vous quelque chose pour vous motiver.

Cela peut être aussi simple que de se livrer à un morceau de votre bonbon préféré à la fin de chaque bloc de temps, de consulter Twitter ou Instagram pendant cinq minutes, ou de faire une pause pour toucher votre chat.

Organisez un prix amusant à la fin de chaque examen pour reconnaître vos efforts. Faites-en quelque chose que vous aimez faire pour qu'il ait plus de sens après avoir passé un test, qu'il s'agisse de prendre un café avec des amis, de prendre un long bain ou d'acheter quelque chose que vous avez sous les yeux.

5. Sollicitez l'aide d'un partenaire d'étude.

Vous n'êtes pas obligé d'étudier ensemble assis à une table. Au lieu de cela, c'est quelqu'un à qui vous pouvez parler tous les jours pour vous aider à rester sur la bonne voie. Cela pourrait vous motiver à étudier même lorsque vous n'en avez pas envie si vous savez que vous devez envoyer un SMS à quelqu'un à la fin de la journée pour lui faire savoir si vous avez atteint vos objectifs. [6] Si votre partenaire d'étude n'a pas eu de vos nouvelles depuis quelques jours, vous pouvez lui demander de vous contacter. Cela peut vous aider à reprendre vos projets avant que trop de temps ne se soit écoulé.

Méthode 2 : Établir un horaire

1. **Faites de l'étude une habitude en le faisant tous les jours à la même heure.**

Envisagez de vous lever avant l'école si vous préférez le matin pour étudier. Si vous êtes un oiseau de nuit, réserver quelques heures chaque nuit peut être la meilleure option. Vous pouvez également vous engager à commencer vos études dès que vous rentrez de l'école chaque jour si vous voulez faire avancer les choses afin de pouvoir passer à des activités plus agréables.

Si vous ne l'avez pas déjà fait, essayez un agenda quotidien. Vous pouvez acquérir un planificateur physique ou utiliser l'application de calendrier sur votre téléphone. Pour vous assurer que vous n'oubliez pas de bloquer ce temps pour étudier, planifiez-le dans votre emploi du temps quotidien.

2. **Établissez un calendrier d'examens afin de pouvoir commencer à étudier à l'avance.**

Mettez un examen à votre emploi du temps dès que vous en avez connaissance. Prenez le temps d'inscrire toutes les dates importantes d'échéance et les dates d'examen dans votre agenda si votre professeur vous en a fourni un au début du semestre.

Par exemple, vous sauriez que vous devez d'abord étudier l'espagnol si vous saviez que vous aviez un test d'algèbre le mercredi suivant et un test d'espagnol le vendredi suivant.

Même l'ajout de rappels pour commencer à étudier dans les semaines précédant un examen peut être utile ! Définissez un rappel pour commencer à étudier tôt, par exemple, si vous avez un test d'anglais important dans 3 semaines et avez besoin de 2 semaines pour vous préparer.

3. Divisez les informations dont vous avez besoin pour apprendre en morceaux gérables.

Divisez les informations en morceaux gérables afin de ne pas être submergé par tout ce que vous avez à faire. Pour savoir sur quoi vous concentrer lorsque vous vous asseyez pour étudier, dressez la liste des composants de chaque élément.

Par exemple, vos plus petits morceaux pourraient consister à lire un chapitre à la fois et à créer des cartes de vocabulaire si votre examen de chimie comprend cinq chapitres et des mots de vocabulaire.

Concentrez-vous sur la finition d'une seule étape tout au long de chaque période d'étude. Mettez une coche à côté lorsque vous avez terminé afin que vous puissiez suivre votre développement. En conséquence, vous vous sentirez plus inspiré et responsable de vos efforts académiques.

4. **Fixez-vous un moment pour vous reposer et vous détendre** .

S'attendre à pouvoir étudier pendant cinq heures sans interruption n'est pas réaliste - votre cerveau aura besoin d'une pause ! Toutes les 30 minutes, vous devrez peut-être faire une petite pause de 5 à 10 minutes. Essayez d'étudier pendant 50 minutes avant de faire une pause de 10 minutes si vous avez du temps supplémentaire. Lorsqu'une pause est nécessaire, levez-vous, bougez, prenez l'air, mangez ou fermez simplement les yeux pendant un moment.

À plus grande échelle, pendant la saison des examens, vous devrez peut-être prévoir quelques "jours de repos" pour vous-même. Organisez une journée où vous vous libérerez entièrement de toutes les tâches liées aux études si vous savez que vous étudierez assidûment pendant quelques semaines.

Méthode 3 : Éliminer les distractions

1. Avant d'étudier, prenez une collation saine et de l'eau pour vous aider à vous concentrer.

Lorsque vous vous asseyez pour étudier, avoir faim ou soif peut être une distraction majeure. Les aliments sucrés doivent être évités pour éviter une chute ultérieure. Si vous devez consommer de la caféine, essayez de ne pas dépasser 1 à 2 tasses de café ou un soda pour éviter de vous sentir nerveux. Les options de collations saines comprennent le yaourt, le houmous, le fromage, le maïs soufflé, les légumes, les fruits, les amandes et le fromage.

2. Avant d'étudier, faites une petite promenade pour améliorer votre concentration.

Avec une séance d'entraînement de 10 à 15 minutes, vous pouvez brûler de l'énergie nerveuse et augmenter votre production d'endorphine. Il vous sera plus simple de vous concentrer et de vous souvenir de ce que vous apprenez lorsque vous vous assiérez pour étudier par la suite.

3. **Trouvez un endroit où l'environnement ne vous distraira pas.**

Vous devrez peut-être choisir un nouvel espace d'étude si vous êtes tenté de nettoyer votre chambre ou si vous vivez dans un environnement bruyant. De la même manière, vous devrez peut-être établir des limites si vous souhaitez étudier avec vos amis, mais découvrez que vous ne pouvez pas vous concentrer sans vous laisser distraire.

Le meilleur environnement pour étudier est généralement celui qui est dépourvu d'images et de sons qui vous dérangeront.

4. **Tous vos appareils électroniques que vous n'utiliserez pas pour étudier doivent être éteints** .

Alternativement, si vous avez besoin d'utiliser votre téléphone comme minuteur, mettez-le en mode avion pour empêcher la réception de notifications. Rangez votre téléphone dans un endroit où vous ne serez pas tenté de le regarder, par exemple dans une autre pièce, et évitez d'avoir la télévision allumée en arrière-plan.

Vous pouvez également utiliser plusieurs excellentes applications pour limiter le temps que vous passez sur votre téléphone. Certaines personnes ont la possibilité d'interdire l'accès à certains sites Web pendant certaines heures. Faites ce qui vous convient le mieux, qu'il s'agisse de vous déconnecter complètement ou de mettre en place certaines restrictions.

5. **Si vous choisissez d'écouter de la musique pendant vos études, soyez sélectif.**

Certaines personnes trouvent que la musique est une distraction majeure. D'autres, cependant, peuvent trouver que certaines musiques de fond apaisantes aident à la concentration. Pour déterminer quelle méthode est la plus efficace pour vous, essayez d'étudier avec et sans musique de fond.

Jouer de la musique apaisante dans vos écouteurs pendant que vous étudiez dans un espace public peut vous aider à bloquer tout ce qui s'y passe. La musique instrumentale est généralement la plus efficace pour la concentration.

6. Commencez par régler une minuterie de 10 minutes.

Bien que cela puisse sembler facile, l'obstacle le plus difficile pour prendre votre apprentissage au sérieux est souvent de commencer. Réglez une minuterie et engagez-vous à terminer le travail à accomplir. Réglez la minuterie pendant 15 à 20 minutes supplémentaires après son déclenchement avant de faire votre première pause. Une fois lancé, continuer sera plus simple.

Ne vous fâchez pas si vous vous sentez en retard ou si vous auriez dû commencer à étudier il y a des semaines. Commencer tout de suite est préférable à commencer plus tard.

Chapitre 2

Comment étudier intelligemment ?

Vous pouvez soit passer plus de temps à étudier, soit apprendre à étudier efficacement pour augmenter vos notes. C'est le nombre d'heures dans une semaine. Si vous êtes étudiant, vous pensez probablement que cela est insuffisant. Après tout, vous avez des tonnes de devoirs, de projets et de tests à terminer. Vous avez également d'autres responsabilités et obligations. De plus, vous désirez une vie sociale. Ne serait-ce pas formidable si vous pouviez obtenir de bonnes notes, étudier plus efficacement (plutôt que plus dur) et maintenir une vie équilibrée ?

L'objectif fondamental de l'éducation n'est pas d'obtenir des notes parfaites. Mais maîtriser l'art d'apprendre est une compétence essentielle dans la vie.

Allons-y. Voici 20 stratégies scientifiques pour un apprentissage rapide.

Comment apprendre plus efficacement et intelligemment

Apprendre à étudier est essentiellement la même chose qu'étudier intelligemment.

Celui-ci contient des techniques pour apprendre plus efficacement et plus rapidement tout en conservant les informations plus longtemps.

1. Acquérir les mêmes connaissances de plusieurs manières.

L'étude (Willis, J. 2008) démontre que divers médias stimulent diverses zones du cerveau. Plus il y a de régions cérébrales engagées, plus grande est la probabilité que vous compreniez et mémorisiez les connaissances.

Pour en savoir plus sur un sujet particulier, vous pouvez :

- ✓ Voir les notes de cours.
- ✓ Parcourez le livre.
- ✓ Regardez une vidéo de la Khan Academy
- ✓ Rechercher plus de ressources Web
- ✓ Construire une carte mentale.
- ✓ Partagez vos connaissances avec quelqu'un d'autre.
- ✓ Problèmes de pratique provenant de plusieurs sources.

Naturellement, vous ne pourrez pas effectuer toutes ces tâches en même temps. Cependant, utilisez un outil ou une approche différente chaque fois que vous examinez le sujet ; vous apprendrez le matériel plus rapidement de cette façon.

2. Au lieu de vous concentrer sur une ou deux choses, étudiez une variété de sujets chaque jour.

Pour rester concentré, mieux vaut étudier chaque jour une variété de sujets plutôt que de passer beaucoup de temps sur un ou deux seulement (Rohrer, D. 2012).

Par exemple, il est préférable d'étudier un peu chaque matière chaque jour si vous vous préparez à des tests de mathématiques, d'histoire, de physique et de chimie. Au lieu de vous concentrer uniquement sur l'arithmétique le lundi, l'histoire le mardi, la physique le mercredi, la chimie le jeudi, etc., utilisez cette méthode pour apprendre plus rapidement.

Pourquoi?

Parce que si vous étudiez une grande partie du même sujet en une journée, vous pourriez être confondu avec des connaissances comparables.

Étalez votre temps d'étude pour chaque sujet pour apprendre plus rapidement. Votre cerveau aura plus de temps pour consolider votre apprentissage si vous faites cela.

3. Au lieu de bachoter, revoyez les faits de temps en temps.

Si vous souhaitez transférer des informations de votre mémoire à court terme vers votre mémoire à long terme, vous devez les revoir périodiquement. Vous améliorerez ainsi vos notes d'examen.

L'examen périodique surpasse largement le bachotage, selon une étude (Cepeda , N. 2008). Selon la durée pendant laquelle vous souhaitez conserver les informations dans votre tête, il existe plusieurs intervalles de révision optimaux. Cependant, mon expérience personnelle et professionnelle m'a montré que les intervalles de révision suivants sont efficaces :

1 ère Bilan : Un jour suivant l'acquisition de nouvelles connaissances

2 ème révision : Trois jours se sont écoulés depuis la première révision.

3 ème révision : Sept jours se sont écoulés depuis la deuxième révision.

4 ème révision : 21 jours se sont écoulés depuis la troisième révision.

5 e révision : 30 jours après la 4e révision

6 e examen : 60 jours se sont écoulés depuis l'examen précédent.

7 ème révision : 70 jours après la révision précédente

4. Prenez place au premier rang.

Si vous avez la possibilité de choisir l'endroit où vous voulez vous asseoir pendant les cours, envisagez une place à l'avant. Selon des études, les élèves qui sont assis à l'avant obtiennent généralement de meilleurs résultats aux tests (Rennels & Chaudhari , 1988). Selon l'endroit où ils étaient assis en classe, les résultats moyens des élèves aux tests étaient les suivants (Giles, 1982):

Premiers rangs : 80 %

71,6% des rangs du milieu

Le dos de la rangée : 68,1 %

Ces résultats ont été atteints dans des contextes où les sièges étaient attribués par les enseignants.

En conséquence, ce n'est pas seulement le cas des étudiants les plus motivés qui choisissent de s'asseoir à l'avant et les étudiants les moins motivés qui choisissent de s'asseoir à l'arrière.

Vous pourrez mieux voir le tableau et entendre le professeur depuis le siège avant, et votre concentration augmentera également. Vous comprenez maintenant quelles places de la classe sont les meilleures !

5. Évitez le multitâche.

La preuve est claire : le multitâche réduit la productivité et augmente la distraction et la stupidité. Même ceux qui prétendent être adeptes du multitâche ne sont pas, selon les études, plus habiles que la personne ordinaire.

Les élèves qui réussissent maintiennent une attention singulière. Par conséquent, évitez d'essayer d'étudier tout en consultant sporadiquement votre compte Twitter, en regardant la télévision et en répondant à des SMS.

Voici quelques conseils pour des techniques d'étude efficaces qui vous aideront à vous concentrer :

- ✓ Désactivez les notifications du téléphone.
- ✓ Rangez votre téléphone ou mettez-le en mode avion .
- ✓ Fermez toutes les applications de messagerie instantanée.

- ✓ Coupez l'accès Internet de votre ordinateur.
- ✓ Utiliser un programme comme Freedom
- ✓ Fermez tous les onglets du navigateur Internet qui ne sont pas liés au devoir sur lequel vous travaillez Désencombrez votre espace d'étude.

6. Compressez, résumez et simplifiez les informations.

Utilisez des outils mnémoniques, tels que les acronymes, car il a été démontré qu'ils améliorent l'efficacité de l'apprentissage.

Exemple 1

Vous pouvez utiliser l'acronyme ou la phrase suivante pour mémoriser le spectre électromagnétique dans l'ordre croissant des fréquences :

À l'aide de pistolets à rayons X, des Martiens furieux ont envahi Vénus.

Le spectre électromagnétique est composé de rayons radio, micro-ondes, infrarouges, visibles, ultraviolets, X et gamma, par ordre croissant de fréquence.

Exemple #2

Quelles stalactites et stalagmites émergent du plafond de la grotte et lesquelles le font du sol ?

La différence entre les stalagmites et les stalactites est que les premières se développent par le haut.

Étudiez judicieusement en utilisant des mnémoniques dans la mesure du possible. Vous pouvez également condenser les données dans une carte mentale, un graphique ou un tableau de comparaison. Ces ressources vous faciliteront grandement l'apprentissage de la matière.

7. Écrivez vos notes plutôt que d'utiliser un ordinateur portable.

Écrivez vos notes à la main si vous souhaitez découvrir des techniques d'étude efficaces.

Les scientifiques déconseillent cela, et pas seulement parce que l'utilisation d'un ordinateur portable augmente votre propension à succomber aux détournements d'Internet. L'apprentissage est moins efficace même lorsque les ordinateurs portables sont utilisés simplement pour prendre des notes (Mueller, P.2013)

Pourquoi?

Principalement parce que les notes manuscrites encouragent les élèves à analyser et à repenser les informations.

Les preneurs de notes sur ordinateur portable, d'autre part, enregistrent fréquemment ce que l'instructeur dit textuellement sans y réfléchir au préalable. En conséquence, les notes manuscrites des étudiants les aident à mieux réussir les tests et les examens. Vous passerez globalement moins de temps à obtenir les mêmes (ou meilleurs) résultats si vous utilisez une technique de prise de notes efficace.

8. Écrivez vos préoccupations par écrit.

Vais-je réussir ce test ?

Que se passe-t-il si j'égare les équations et les concepts importants ?

Que faire si le test est plus difficile que prévu ?

Vous avez sans doute ce genre d'idées avant de passer un test. Mais si ces idées deviennent excessives, l'inquiétude qui en résulte peut nuire à vos résultats scolaires.

Voici la réponse.

Des chercheurs de l'Université de Chicago ont découvert que lors d'un essai, les étudiants qui écrivaient pendant 10 minutes sur ce qu'ils ressentaient à propos d'un examen à venir obtenaient de meilleurs résultats que ceux qui ne le faisaient pas. Selon les experts, cette méthode fonctionne particulièrement bien pour les personnes qui s'inquiètent fréquemment.

De plus, les recherches de la psychologue Kitty Klein démontrent comment la journalisation et d'autres formes d'écriture expressive améliorent la mémoire et l'apprentissage. Selon Klein, une telle écriture permet aux enfants de transmettre leurs émotions défavorables Selon Klein, ce type d'écriture permet aux élèves d'exprimer leurs émotions défavorables, ce qui contribue à réduire leur tendance à se laisser distraire par elles.

Prenez dix minutes pour lister toutes les préoccupations liées aux examens que vous avez afin de vous sentir moins stressé. Vous améliorerez vos notes grâce à cette pratique simple.

9. Évaluez-vous régulièrement.

Des années d'études ont démontré l'importance de l'auto-évaluation si vous souhaitez améliorer vos performances académiques.

Keith Lyle, psychologue à l'Université de Louisville, a donné à deux groupes d'étudiants de premier cycle le même cours de statistiques dans le cadre d'une expérience.

À la fin de chaque conférence, Lyle a donné au premier groupe d'étudiants un quiz de quatre à six questions. L'examen portait sur le sujet qu'il avait récemment abordé. Lyle n'a proposé aux élèves aucun test pour le deuxième groupe. Lyle a constaté que le premier groupe a largement surpassé le second sur chacun des quatre tests de mi-session à la fin du cours.

Par conséquent, ne vous contentez pas de parcourir votre manuel ou vos notes de cours. Testez-vous sur les idées et les équations importantes pour vous aider à apprendre plus intelligemment. Faites autant de questions pratiques que possible à partir de diverses sources pendant que vous vous préparez pour un test.

10. Établissez un lien entre ce que vous apprenez et ce que vous savez déjà.

Relier de nouvelles idées à ce que vous savez déjà vous aidera à étudier plus rapidement.

Henry Roediger III et Mark A. McDaniel, scientifiques, affirment dans leur livre Make It Stick : The Science of Successful Learning que vous acquerrez plus rapidement du nouveau matériel si vous pouvez le connecter à des idées que vous comprenez déjà.

Vous pourriez comparer le débit de l'eau à l'électricité, par exemple, si vous étudiiez à ce sujet. Le courant est comme le débit d'eau, la tension est comme la pression de l'eau, une batterie est comme une pompe, etc.

Autre illustration : Considérez les globules blancs comme des "soldats" qui protègent notre corps des maladies, qui sont "l'ennemi" dans ce scénario.

Réfléchir à la manière d'associer de nouvelles informations à ce que vous savez déjà demande du temps et des efforts, mais l'investissement en vaut la peine.

11. Dites les faits importants.

Des études montrent que la lecture à voix haute aux élèves accélère leur apprentissage par rapport à la lecture silencieuse (MacLeod CM, 2010 & Ozubko JD, 2010).

Pourquoi cela se produit-il, exactement ?

La lecture à haute voix rend les informations visibles et audibles. Au contraire, lorsque vous lisez quelque chose en silence, vous pouvez simplement le voir. Il n'est pas possible de lire à haute voix chaque mot de chaque ensemble de notes. Cela prendrait beaucoup trop de temps pour le faire. Alors voici comment je conseille d'étudier plus rapidement en lisant à voix haute :

Étape 1 : Mettez en surbrillance les idées et les équations importantes au fur et à mesure que vous lisez vos notes. Soulignez ces idées et équations importantes et continuez sans vous arrêter pour les mémoriser.

Étape 2 : Revenez aux passages marqués et récitez à haute voix chaque idée ou équation essentielle autant de fois que vous le jugez nécessaire après avoir terminé l'étape 1 pour l'ensemble des notes. Lisez attentivement chaque idée ou équation.

Étape 3 : Faites une pause de trois minutes après avoir terminé pour chacune des idées principales ou des équations qui ont été soulignées.

Étape 4 : Après votre pause de trois minutes, passez en revue chaque équation ou sujet qui a été souligné individuellement (soit avec votre main, soit avec un morceau de papier). Vérifiez si vous l'avez vraiment appris en vous testant.

Étape 5 : Répétition des étapes 2, 3 et 4 pour tous les concepts ou équations que vous n'avez pas pu mémoriser à l'étape 4.

12. Prévoyez des pauses d'étude périodiques.

Des pauses d'étude régulières augmentent la concentration et la productivité globale (Ariga & Lleras , 2011).

Par conséquent, s'enfermer seul dans sa chambre pendant six heures d'affilée pour étudier en vue d'un examen n'est pas une bonne idée. Même s'il peut sembler que vous accomplissez beaucoup de cette façon, des études montrent que prendre des pauses vous permet en fait d'apprendre la matière plus rapidement à long terme. Ainsi, après 40 minutes de travail, accordez-vous 5 à 10 minutes de repos.

Je vous conseille de régler une minuterie ou un chronomètre pour vous rappeler quand manger et quand reprendre vos études.

Évitez d'utiliser votre téléphone ou votre ordinateur pendant votre pause, car ces gadgets empêchent votre esprit de vraiment se détendre.

13. Offrez-vous une gâterie après chaque séance d'étude.

Établissez une incitation claire pour terminer une session d'étude avant de commencer. Vous encouragerez l'apprentissage et la formation de la mémoire en faisant cela (Adcock RA, 2006).

Le prix pourrait être aussi simple que :

- ✓ Faire une promenade rapide
- ✓ Manger une collation nutritive
- ✓ Jouer votre musique préférée
- ✓ Élongation
- ✓ Effectuer quelques séries d'exercices
- ✓ Participer à des performances musicales
- ✓ Prendre un bain

À la fin de chaque séance, faites-vous plaisir ; vous apprendrez plus vite et plus efficacement.

14. Mettez le processus d'abord plutôt que le résultat.

Les élèves qui réussissent à l'école se concentrent sur l'étude de la matière plutôt que sur la recherche d'une note particulière.

Selon les études de la psychologue de Stanford Carol Dweck , ces étudiants :

- ✓ Mettez l'effort d'abord, pas le résultat.
- ✓ Privilégiez le processus au résultat.

- ✓ Croyez qu'avec suffisamment de temps et d'efforts, ils peuvent réussir, même dans leurs disciplines les plus faibles.
- ✓ Acceptez les défis.

Définir le succès comme s'efforcer d'apprendre quelque chose de nouveau plutôt que d'atteindre la perfection

Qu'est-ce qui distingue ces deux catégories d'objectifs ?

Les objectifs de performance consistent à paraître intelligent et à se montrer aux autres (par exemple, obtenir 90 % au prochain test de mathématiques, entrer dans une école de premier plan).

Les objectifs d'apprentissage, quant à eux, sont axés sur la progression et la maîtrise (ex. : faire trois problèmes d'algèbre tous les deux jours, apprendre cinq nouveaux mots français par jour).

La majorité des écoles mettent fortement l'accent sur la réussite d'un nombre donné de matières ou sur l'obtention d'un certain score à l'examen. Ironiquement, il serait plus sage d'ignorer le résultat souhaité et de se concentrer sur le processus d'apprentissage si vous voulez répondre - et au-delà - à ces exigences.

15. Sirotez huit verres d'eau ou plus chaque jour.

Vous pensez peut-être que vous consommez suffisamment d'eau, mais les recherches indiquent que jusqu'à 75 % des gens souffrent de déshydratation chronique. Votre cerveau et vos notes d'examen souffrent tous deux de déshydratation.

La déshydratation réduit la capacité totale du cerveau pour le traitement mental, selon les experts de l'Université d'East London (Edmonds, C. 2013). Des études supplémentaires ont révélé que la déshydratation pourrait même entraîner un rétrécissement de la matière grise de votre cerveau.

La réponse facile :

Buvez huit verres ou plus d'eau chaque jour. Partout où vous allez, emportez une bouteille d'eau avec vous et buvez-la avant d'avoir soif. De plus, si vous passez un examen, apportez un verre d'eau. L'eau doit être consommée environ toutes les 40 minutes. Cela vous gardera hydraté et vous aidera à mieux réussir l'examen. De plus, cela sert de brève pause mentale.

16. Entraînez-vous trois fois ou plus par semaine.

L'exercice profite à votre corps. C'est aussi excellent pour votre cerveau. Des études ont indiqué que l'exercice...

- ✓ Améliore le fonctionnement de votre cerveau et de votre mémoire
- ✓ Diminue le risque de dépression et aide à la prévention de maladies telles que le diabète, le cancer et l'ostéoporose
- ✓ Améliore l'humeur Améliore la qualité du sommeil Réduit le stress

Le médicament miraculeux qu'est l'exercice !

Faites de l'exercice pendant 30 à 45 minutes à chaque fois, au moins trois fois par semaine, pour vous aider à étudier plus efficacement. Vous vous sentirez mieux et aurez plus d'énergie, et vous vous souviendrez mieux des choses.

17. Ne restez pas debout toute la nuit et dormez au moins huit heures par nuit.

Ne négligez pas le sommeil lorsque vous pensez à bien étudier. À ce jour, j'ai parlé et travaillé avec 20 000 étudiants. Personne n'a jamais prétendu obtenir systématiquement huit heures de sommeil chaque nuit. Les étudiants n'arrêtent pas de répéter : « Il y a tellement de choses à faire », encore et encore. Le sommeil apparaît souvent plus comme un luxe pour un étudiant qu'une nécessité.

Que disent les preuves sur le sommeil, cependant ?

Selon une étude, un sommeil suffisant augmentera votre mémoire, votre concentration et votre vitesse d'apprentissage. Vous pourrez également mieux gérer le stress. C'est un moyen infaillible d'obtenir des notes élevées.

Ainsi, essayez de dormir huit heures par nuit. Vous n'aurez pas besoin de passer autant de temps à lire puisque vos séances d'étude seront plus efficaces.

Dan Taylor, un expert du sommeil, affirme également qu'apprendre le sujet le plus difficile juste avant la nuit facilite la mémorisation des informations le lendemain. Par conséquent, dans la mesure du possible, organisez votre emploi du temps de manière à étudier le sujet le plus difficile juste avant d'aller vous coucher.

Enfin et surtout, évitez de travailler tard. Selon une étude de la psychologue Pamela Thacher , les nuits blanches entraînent de moins bonnes notes et davantage d'erreurs d'inattention de la part des élèves.

18. Consommez des myrtilles.

Les flavonoïdes, qui sont abondants dans les myrtilles, favorisent la régénération des cellules cérébrales et améliorent les connexions neuronales. Selon des chercheurs de l'Université de Reading, manger des myrtilles améliore la mémoire à court et à long terme (Whyte, A. & Williams, C . 2014). De plus, les myrtilles peuvent protéger contre les maladies neurodégénératives comme la maladie d'Alzheimer.

19. Consommez des œufs et du poulet.

Pendant dix ans, un groupe de chercheurs de l'Université de Boston a étudié 1 400 adultes. Ils ont découvert que les personnes ayant un régime riche en choline réussissaient mieux aux tests de mémoire. L'acétylcholine, nécessaire à la création de nouveaux souvenirs, est produite à partir de la choline, son précurseur.

Quels aliments contiennent beaucoup de choline ?

Œufs et poulet (le jaune d'un œuf contient 90 % de sa teneur totale en choline).

Vous pouvez pousser un soupir de soulagement si vous étiez préoccupé par le taux de cholestérol élevé des jaunes d'œufs. Les œufs, y compris le jaune, sont un aliment nutritif pour presque tout le monde, selon des études récentes.

De plus, il existe d'autres façons pour les végétariens d'inclure la choline dans leur alimentation :

- ✓ Lentilles
- ✓ Noyaux de tournesol
- ✓ Graines de courge
- ✓ Amandes
- ✓ Chou
- ✓ Chou-fleur
- ✓ Brocoli\s20. Mangez des acides gras avec des oméga-3.

Le cerveau a besoin d'acides gras oméga-3 pour fonctionner correctement. Une autre étude (Yehuda, S. 2005) a découvert que donner aux élèves un supplément d'acides gras oméga-3 et oméga-6 diminuait leur anxiété face aux tests et augmentait leur capacité de concentration.

Les acides gras oméga-3 ont été associés à la protection de la démence, de la maladie d'Alzheimer, de l'asthme, de l'hypertension artérielle, des maladies cardiaques, du diabète, de l'arthrite, de l'ostéoporose, de la dépression, du TDAH et du cancer colorectal.

Quelle liste fantastique! Les aliments suivants sont riches en acides gras oméga-3 :

Saumon, maquereau, truite, graines de lin, graines de citrouille et noix

chapitre 3

Étudier plus intelligemment, pas plus difficile

Avez-vous parfois l'impression que vos techniques d'étude sont tout simplement inadéquates ? Avez-vous déjà réfléchi à la manière dont vous pourriez améliorer vos notes et vos résultats aux tests ? De nombreux étudiants sont conscients que leurs techniques d'études secondaires ne fonctionnent pas bien dans l'enseignement supérieur. Cela a du sens étant donné la différence entre le collège et le lycée. Les cours sont beaucoup plus exigeants, les tests valent plus, la lecture est plus exigeante et les enseignants sont moins directement impliqués. Vous n'avez pas besoin de changer quoi que ce soit à propos de vous-même ; il vous suffit de développer des techniques d'étude plus efficaces. Heureusement, il existe de nombreuses techniques d'étude actives et réussies qui ont fait leurs preuves dans les cours universitaires.

Lire n'est pas étudier.

La lecture répétée de textes ou de notes n'est pas considérée comme une participation active à la matière. C'est juste relire vos notes. Étudier ne consiste pas seulement à "faire" les lectures assignées. C'est juste de la lecture pour le cours, c'est tout. La relecture encourage l'oubli précipité.

Considérez la lecture comme un élément crucial des études préalables, mais rappelez-vous que l'acquisition de connaissances implique une implication dans le sujet (Edwards, 2014). Établir des liens avec des cours magistraux, créer des exemples et contrôler votre propre apprentissage font tous partie du processus consistant à s'engager activement dans un texte et à en développer le sens (Davis, 2007). L'apprentissage actif n'implique pas la mémorisation par cœur, le surlignage ou le soulignement du texte ou la lecture répétée. Bien qu'elles puissent vous permettre de rester concentré sur la tâche à accomplir, ces activités ne sont pas considérées comme des méthodes d'étude actives et n'ont qu'un lien ténu avec une meilleure performance (Mackenzie, 1994).

Les suggestions d'apprentissage actif incluent :

- ✓ Faire un guide d'étude thématique. Créez des problèmes et des requêtes, puis étoffez pleinement vos réponses. Faites votre propre quiz.
- ✓ Reprenez l'enseignement. Comme si vous étiez l'instructeur présentant les idées à une classe, lisez les faits à haute voix dans vos propres mots.

- ✓ Tirez des analogies à partir de vos expériences personnelles.
- ✓ Faites des diagrammes ou des cartes conceptuelles pour aider à expliquer le sujet.
- ✓ Créer des symboles pour représenter des idées.
- ✓ Décidez des idées clés pour les cours non techniques (tels que l'anglais, l'histoire et la psychologie) afin de pouvoir les clarifier, les comparer et les réévaluer.
- ✓ Travaillez les problèmes dans des cours techniques, puis passez en revue les solutions et leur justification.
- ✓ Question, données à l'appui et conclusion de l'étude : Quelle est la question de l'instructeur ou de l'auteur ? Quel genre de preuve offrent-ils? Quel est le verdict ?

Planifier à l'avance et être organisé vous permettra d'étudier activement pour vos cours. Organisez votre matériel avant de commencer votre révision active par sujet lors de la préparation d'un examen (Newport, 2007). Sur le programme, les professeurs énumèrent fréquemment des sous-thèmes. Pour vous aider à organiser vos documents, utilisez-les comme guide. À titre d'illustration, compilez toutes les ressources pour un sujet (telles que des notes PowerPoint, des notes de manuels, des articles, des devoirs, etc.) et disposez-les dans une pile. Étudiez par sujets, en étiquetant chaque pile avec le sujet pertinent.

Reconnaître le cycle d'études

Le cycle d'étude de Frank Christ décrit les différentes composantes de l'étude : prévisualiser, assister aux cours, réviser, étudier et évaluer votre apprentissage. Bien que chaque étape puisse sembler simple à première vue, les élèves essaient trop souvent de prendre des raccourcis et de perdre des chances d'apprendre efficacement. Une opportunité cruciale d'apprendre dans plusieurs modalités d'apprentissage (lecture, audition et expression orale) et de tirer parti de la répétition et de la pratique distribuée (voir n° 3 ci-dessous) sera perdue si vous choisissez de sauter une lecture avant le cours car le conférencier couvrira la même chose. sujet en classe. S'assurer que vous ne laissez pas passer des occasions d'apprendre efficacement sera plus facile en réalisant l'importance de chaque étape de ce cycle.

L'espacement est bénéfique.

La « pratique distribuée » - espacer votre étude sur plusieurs courtes périodes de temps sur plusieurs jours et semaines - est l'une des stratégies d'apprentissage les plus efficaces (Newport, 2007). La meilleure méthode consiste à consacrer un peu de temps à chaque leçon chaque jour. Même si votre temps d'étude global sera le même (ou moins) qu'une ou deux nuits blanches à la bibliothèque, vous apprendrez le matériel de manière plus approfondie et vous en souviendrez plus longtemps, ce qui vous aidera à obtenir un A sur le final. Ce qui compte, ce n'est pas combien de temps vous étudiez, mais comment vous passez ce temps. De longues sessions d'étude entraînent un manque de concentration, ce qui entrave l'apprentissage et la rétention de la mémoire.

Vous devez contrôler votre emploi du temps si vous souhaitez étaler vos études sur plusieurs jours et semaines. Vous pouvez inclure des périodes d'étude actives cohérentes pour chaque classe en gardant une liste des tâches quotidiennes à faire. Faites un effort pour participer à chaque leçon chaque jour. Soyez explicite et raisonnable lorsque vous estimez le temps que vous consacrerez à chaque travail ; votre liste ne doit pas contenir plus d'éléments que vous ne pouvez en terminer en une seule journée.

Par exemple, vous pourriez travailler sur quelques questions arithmétiques chaque jour au lieu de toutes les faire dans l'heure qui précède le cours. En histoire, vous pouvez étudier activement vos supports de cours pendant 15 à 20 minutes chaque jour. En conséquence, même si votre temps d'étude restera le même, vous étudierez pour tous vos cours en rafales rapides au lieu d'un seul. Cela favorisera la concentration, la gestion des tâches et la rétention d'informations.

Étaler votre travail favorise non seulement un apprentissage plus approfondi, mais empêche également la procrastination. Vous pouvez gérer le projet désagréable pendant 30 minutes chaque jour, plutôt que d'avoir à le faire pendant quatre heures le lundi. Un projet redouté sera probablement plus tolérable et moins susceptible d'être reporté à la toute dernière minute si vous y travaillez sur une période plus courte et plus régulière.

Enfin et surtout, il est recommandé de créer des cartes mémoire pour tout ce dont vous avez besoin de vous rappeler pour la classe (noms, dates, formules) et de les réviser tout au long de la journée plutôt que de tout faire en même temps (Wissman et Rawson, 2012). Pour plus d'informations, consultez notre document sur les techniques de mémorisation.

Être intense est bénéfique.

Étudier n'est pas créé égal. Étudier dur vous aidera à en faire plus. Des sessions d'étude courtes et ciblées vous aideront à terminer votre travail rapidement et avec le moins de temps perdu. Des sessions d'étude plus courtes et plus ciblées sont plus productives que les longues.

En effet, étaler ses études sur plusieurs sessions est l'une des techniques d'étude les plus efficaces (Newport, 2007). Les techniques d'étude active sont utilisées lors de sessions d'étude intensives, qui peuvent durer 30 ou 45 minutes chacune. Par exemple, l'auto-évaluation est une technique d'étude active qui augmente le niveau d'effort d'étude et l'efficacité de l'apprentissage. Mais si vous avez l'intention de vous tester pendant des heures, vous allez probablement vous laisser distraire et perdre votre concentration.

D'autre part, vous êtes beaucoup plus susceptible de maintenir votre concentration et de retenir les informations si vous avez l'intention de vous interroger sur le sujet du cours pendant 45 minutes, puis de faire une pause. De plus, les séances plus courtes et plus intenses augmenteront probablement la pression nécessaire pour décourager la procrastination.

La règle d'or est de ne pas se taire.

Décidez où vous apprenez le mieux. Il n'est peut-être pas préférable pour vous d'être seul dans une bibliothèque. Il est crucial de réfléchir au niveau de bruit qui vous convient le mieux. Vous découvrirez peut-être que le bruit de fond vous aide à mieux vous concentrer. Alors que certaines personnes trouvent qu'écouter de la musique classique pendant leurs études est excessivement distrayant, d'autres trouvent que c'est utile. L'idée est que le silence d'une bibliothèque pourrait être tout aussi distrayant que le bruit d'une salle de sport, sinon plus. Essayez le premier ou le deuxième niveau de la bibliothèque si le calme vous distrait mais que vous préférez y étudier car il y a plus de bruit ambiant.

Rappelez-vous que l'apprentissage actif se produit rarement en silence puisqu'il nécessite souvent de parler à voix haute.

Les problèmes sont de votre côté.

Pour les cours techniques, la résolution répétée de problèmes est cruciale (par exemple, mathématiques, économie). Savoir décrire les étapes dans les difficultés et pourquoi elles sont efficaces. La lecture du livre est généralement moins importante dans les cours techniques que la résolution de problèmes (Newport,

2007). Notez au complet les problèmes de pratique que l'instructeur a démontrés en classe. Si vous n'êtes pas clair après une étape, annotez-la et demandez des éclaircissements. Enregistrez au moins la requête et la réponse (même si vous manquez les étapes).

Faites une longue liste de problèmes à partir des lectures et des conférences à utiliser comme pratique pour les examens. Travailler les difficultés, puis décrire les solutions et les procédés utilisés (Carrier, 2003).

Ne faites pas plusieurs tâches, s'il vous plaît

De nombreuses études montrent que le multitâche a un impact négatif sur les résultats et n'augmente pas la productivité (Junco, 2012).

Vous devez cesser d'être distrait tout au long de vos sessions d'étude si vous voulez apprendre plus efficacement plutôt que de travailler plus dur. Si vous les laissez faire, les médias sociaux, la navigation sur le Web, les jeux, les textos et d'autres activités réduiront considérablement l'intensité de vos heures d'étude. Il ne fait aucun doute dans la recherche que le multitâche, comme répondre à des textes tout en étudiant, allonge le temps nécessaire pour acquérir le contenu et dégrade sa qualité (Junco, 2012).

En supprimant les distractions, vous pourrez vous concentrer pendant vos périodes d'étude. N'utilisez pas votre ordinateur si vous n'en avez pas besoin pour faire vos devoirs. Utilisez des applications pour vous aider à limiter le temps que vous pouvez passer à différents endroits tout au long de la journée. Éteignez votre téléphone. Récompensez une étude assidue avec une pause dans les réseaux sociaux, mais veillez à bien la programmer ! Pour plus d'informations sur la gestion de la technologie, consultez notre document.

Modifier le paramètre

Trouvez une variété de lieux d'études sur et autour du campus, et si l'un cesse d'être efficace pour vous, changez-le.

Connaissez vos heures et lieux d'étude optimaux. Votre attention peut ne pas être aussi concentrée à 22h00 qu'à 10h00. Peut-être qu'un café bruyant ou la zone d'étude de votre dortoir sont de meilleurs endroits pour être productif. Peut-être que vous vous endormez en étudiant au lit.

Avoir une gamme d'emplacements sur et autour du campus qui sont propices aux études. Vous pouvez ensuite localiser votre lieu d'étude idéal où que vous soyez. Il est temps de passer à autre chose si vous réalisez qu'au bout d'un moment votre emplacement actuel est trop confortable et n'est plus un endroit agréable pour étudier.

Reprenez l'enseignement.

Comme si vous étiez l'enseignant, essayez d'expliquer le sujet dans vos propres termes. Cela peut être fait seul, dans un groupe d'étude ou avec un partenaire d'étude. Dire l'information à voix haute peut vous aider à vous en souvenir et à identifier les domaines où vous avez besoin d'explications ou de clarifications supplémentaires. Faites des liens entre les concepts et utilisez des exemples pour illustrer le contenu au fur et à mesure que vous l'expliquez (comme le fait un enseignant). Accomplir cela tout en tenant vos notes entre vos mains est acceptable et même encouragé. Pour expliquer le contenu dans un premier temps, vous devrez peut-être vous référer à vos notes, mais progressivement vous pourrez vous en passer.

Vous pouvez penser comme votre professeur en faisant un quiz pour vous-même. Qu'est-ce que le conférencier essaie de vous faire comprendre? L'autotest est une stratégie d'étude très puissante. Créez un guide d'étude et gardez-le avec vous afin de pouvoir parcourir les questions et les réponses régulièrement tout au long de la journée. Vous ne devriez vous tester que sur les questions dont vous ne connaissez pas les réponses. Dites vos réponses à haute voix. Cela vous aidera à vous souvenir du matériel et à identifier les erreurs. Si vous suivez un cours technique, travaillez sur les exemples de problèmes et expliquez comment vous êtes arrivé à la solution. Retravaillez les problèmes qui vous préoccupent. Ce type d'engagement cérébral actif pendant l'apprentissage améliorera considérablement votre mémoire (Craik , 1975).

Soyez maître de votre calendrier.

Vous pouvez atteindre vos objectifs en gérant votre temps et vos distractions.

Vous pouvez terminer vos tâches et garder le contrôle de vos études si vous contrôlez votre calendrier. Les étapes répertoriées ci-dessous peuvent vous aider à reprendre le contrôle de votre agenda :

Planifiez votre itinéraire de la semaine le même jour chaque semaine (peut-être le dimanche soir ou le samedi matin).

Énumérez les devoirs que vous espérez terminer pour chaque cours de la semaine au fur et à mesure que vous les parcourez.

Déterminez le nombre d'heures dont vous disposez pour terminer votre devoir en consultant votre calendrier.

Vérifiez si vous pouvez rayer des éléments de votre liste dans le temps dont vous disposez. (Vous voudrez peut-être inclure le temps prévu pour chaque tâche à accomplir.) Apportez les modifications nécessaires. Par exemple, vous devrez peut-être hiérarchiser vos lectures si vous découvrez qu'il vous faudra plus de temps pour terminer votre tâche que ce dont vous disposez. C'est un luxe de terminer toutes les lectures. En fonction de la matière enseignée en classe, vous devrez choisir vos lectures. Vous devez lire chaque devoir de la ressource de classe préférée et prendre des notes dessus (celle qui est beaucoup utilisée dans la classe). Il peut s'agir du texte du cours ou d'une lecture qui couvre spécifiquement le sujet du jour. Vous pouvez probablement parcourir les lectures supplémentaires.

Planifiez les heures auxquelles vous avez l'intention de terminer vos tâches dans votre calendrier.

Élaborez une stratégie pour le lendemain avant d'aller vous coucher tous les soirs. Avoir un plan au réveil augmentera votre productivité.

Pour plus de conseils sur l'utilisation des calendriers comme outils de gestion du temps, consultez notre brochure sur les calendriers et le collège.

Profitez des temps d'arrêt

Attention aux semaines "faciles". Le calme avant la tempête, c'est maintenant. Des semaines de travail plus courtes sont idéales pour démarrer ou terminer de grands projets. Passez le temps supplémentaire à démarrer de grands projets ou des articles ou à avancer sur des missions. Même s'il n'y a pas de devoirs à rendre, vous devriez toujours faire un plan pour travailler sur chaque classe chaque semaine. En fait, il est préférable de travailler chaque jour sur quelque chose pour chacun de vos cours. Passer trois heures par semaine, ou 30 minutes à chaque cours, est possible, mais il est plus efficace d'étaler ce temps sur six jours plutôt que d'essayer de tout caser en une seule longue session. Utilisez les 30 minutes pour démarrer un projet plus long ou avancez si vous avez terminé tout le travail pour une classe donnée.

Utiliser tous les outils disponibles

N'oubliez pas que vous pouvez planifier une réunion avec un coach académique pour mettre en pratique l'une des suggestions de ce document.

Chapitre 4

Comment se souvenir de ce que vous lisez ?

Pourquoi certaines personnes peuvent-elles lire un livre une fois et se souvenir de tous les détails à ce sujet pour le reste de leur vie, tandis que d'autres ont du mal à se souvenir même du titre quelques jours après en avoir terminé un ?

Bien qu'elle soit simple, la solution est simple.

Ils ne l'ont pas interprété ainsi. Ils lisent ainsi. Vous pouvez lire plus et mieux lire en développant de bonnes habitudes de lecture.

« Je ne me souviens pas plus des livres que j'ai lus que des repas que j'ai pris ; même ainsi, ils m'ont fait.

—Ralph Waldo Emerson

Lecteurs actifs VS lecteurs passifs

Presque aussitôt qu'ils ont fini de lire, les lecteurs passifs oublient ce qu'ils ont lu. Alors que les lecteurs engagés retiennent la majorité de ce qu'ils lisent. La façon dont la quantité de lecture affecte ces deux types de lecteurs diffère est une autre distinction. Les lecteurs passifs qui lisent beaucoup n'avancent pas beaucoup plus que ceux qui lisent moins.

Cependant, les choses sont différentes si vous lisez fréquemment.

Les lecteurs actifs s'améliorent à mesure qu'ils lisent plus de livres. Pour augmenter encore la mémoire, ils créent un treillis de modèles mentaux auxquels accrocher des idées. Les lecteurs actifs développent la capacité de faire la distinction entre des arguments solides et des structures cohérentes. Parce qu'ils comprennent comment faire en sorte que le monde fasse la majorité du travail à leur place, les lecteurs actifs prennent de meilleures décisions. Les lecteurs engagés évitent les problèmes. Un autre avantage des lecteurs fréquents est qu'ils lisent plus rapidement.

Pensez aux livres que vous lisez à l'école. Malgré les années, la plupart d'entre nous en gardent un souvenir vivace. Même si les détails sont flous, nous pouvons probablement nous souvenir des personnages principaux, des thèmes majeurs et des motifs récurrents. Pourquoi? Nous n'avons pas lu ces romans paresseusement, pour commencer. Nous avons participé à des discussions en classe tout en lisant activement des livres, en jouant des scènes à tour de rôle ou même en voyant des adaptations cinématographiques. Indépendamment du temps écoulé depuis notre dernière entrée dans une salle de classe, la plupart d'entre nous se souviennent encore de Animal Farm.

Bonnes pratiques de lecture
Il est logique d'avoir un plan en place pour améliorer tout ce à quoi nous consacrons beaucoup d'efforts. Même si nous passons beaucoup de temps à lire et à apprendre de nouvelles choses, peu d'entre nous travaillent activement pour rendre notre lecture plus efficace.

Il est crucial d'avoir une stratégie en place pour noter, considérer et agir sur les conclusions que nous tirons des connaissances que nous absorbons si nous voulons tirer le meilleur parti de chaque livre que nous lisons.

Commençons par dissiper certains mythes sur la lecture. Ce que je sais, c'est ceci :

Plus important que la quantité est la qualité . Vous ferez bien mieux que quelqu'un qui parcourt la moitié de la bibliothèque sans y prêter attention si vous ne lisez qu'un seul livre par semaine et que vous l'appréciez et l'assimilez à fond.

La lecture rapide est une charge de merde . Lire plus véritablement est la seule méthode pour lire plus rapidement.

Les services qui résument les livres passent à côté de la cible . De nombreuses entreprises facturent des tarifs absurdes pour l'accès aux résumés produits par des jeunes de 22 ans qui n'ont aucune connaissance préalable du sujet du livre. Cela ne permet pas de comprendre comment fonctionnent la lecture et l'apprentissage.

Les outils et les applications sophistiquées ne sont pas nécessaires. Tout ce dont vous avez besoin est un bloc-notes, des fiches et un stylo. (Ever note est la solution pour ceux d'entre vous qui recherchent une application en ligne simple et consultable pour les aider.)

Ne lisez rien que nous trouvons ennuyeux. Il n'est pas nécessaire de finir le livre. Vous devriez commencer plusieurs romans mais n'en terminer qu'une poignée.

"Chaque fois que je lisais un grand livre, j'avais l'impression de lire une sorte de carte, une carte au trésor, et le trésor vers lequel on me dirigeait était en fait moi -même . Mais chaque carte était incomplète, et je ne localiserais le trésor que si je lisais tous les livres, et donc le processus pour trouver le meilleur de moi-même était une quête sans fin. Et les livres eux-mêmes semblaient refléter cette idée. C'est pourquoi l'intrigue de chaque livre peut se résumer à "quelqu'un cherche quelque chose". ”

— Matt Haig, Raisons de rester en vie

Le succès en lecture dépend principalement de la préparation. Plus que vous ne le pensez , ce que vous faites avant de lire compte .

Filtrez ce que vous lisez

Quand il s'agit de sélectionner la littérature, il n'y a pas de règles. Nous ne sommes pas tenus de lire des best-sellers, des classiques ou des titres très appréciés par les autres. En réalité, il y a un avantage à lire des documents que personne d'autre n'est. Il n'y a pas de listes de lecture requises car ce n'est pas l'école. Concentrez-vous sur une sélection d'œuvres qui : (1) perdurent dans le temps ; (2) éveillez votre curiosité; ou (3) parler de votre situation à ce moment-là.

Nous sommes plus susceptibles de nous souvenir du contenu d'un livre à l'avenir si nous le jugeons fascinant et pertinent.

Vérifiez quelle version est considérée comme la meilleure si le livre est plus ancien ou a été traduit. Par exemple, la traduction Hayes des Méditations de Marc Aurèle est louée pour être à la fois la plus fidèle au texte original et la plus contemporaine (et accessible)).

En savoir plus

Faire des recherches préliminaires sur le livre est un bon endroit pour commencer. Lorsqu'on en apprend plus sur la vie de l'auteur, certains livres, comme A Confederacy of Dunces et The Palm Wine Drinkard , prennent une tout autre signification.

Faites un effort pour comprendre le cadre historique des romans plus anciens. Essayez de comprendre le contexte culturel des romans écrits dans un pays étranger. Quelques bonnes enquêtes à faire sont:

Pourquoi cela a-t-il été écrit par l'auteur ? (Avaient-ils un objectif en tête ?)

Quelle est leur histoire ?

Quelles autres œuvres ont-ils ?

Qui l'a écrit et où ?

Au moment d'écrire ces lignes, quel était le climat politique, économique et culturel ?

Le livre a-t-il une nouvelle traduction ou impression ?

Des événements importants, tels qu'une guerre, une dépression économique, un changement de direction ou le développement de nouvelles technologies, se sont-ils produits pendant la rédaction du livre ?

Apprenez votre pourquoi

Dans quel but lisez-vous ce livre ? Pour le divertissement ? Comprendre quelque chose ou une personne que vous ne connaissez pas ? Pour progresser dans votre travail ? Pour faire progresser votre bien-être ? Développer un talent ? Pour aider au développement des affaires ?

Vous devez avoir une idée générale de ce que vous espérez retirer du livre. Cependant, vous ne voulez pas simplement rassembler une tonne de données inutiles. Cela ne durera pas très longtemps.

Écrémage bien informé

Examinez l'index, la page de contenu, la préface et l'intérieur de la jaquette avant de commencer à lire un livre (en particulier de non-fiction) pour avoir une idée du sujet. (Cette pièce sur la façon de lire un livre est une excellente introduction à l'écrémage.) Le ton d'un livre peut également être glané à partir de la bibliographie. Pour chaque livre qu'ils écrivent, les meilleurs auteurs lisent fréquemment des centaines de volumes. Par conséquent, un livre bien documenté doit inclure une bibliographie complète d'œuvres fascinantes. Après avoir terminé le livre, parcourez la bibliographie et développez une liste de tous les livres supplémentaires que vous souhaitez lire.

Adaptez le livre à votre environnement

Le pouvoir d'adapter la littérature à notre emplacement et à nos circonstances peut être ressenti même si ce n'est pas toujours pratique. Au fur et à mesure que les livres deviennent une partie intégrante d'une expérience plutôt qu'un simple complément, ils résonneront plus profondément.

Tenez compte de votre propre situation lors de la sélection de livres et choisissez des genres ou des auteurs qui pourraient vous aider à surmonter les difficultés auxquelles vous pourriez être confronté en ce moment. Quelle que soit votre situation, elle a déjà été vécue par quelqu'un. Les mêmes sentiments et pensées ont été exprimés par écrit par quelqu'un qui les a partagés. Vous devez chercher le livre.

Par exemple:

En visite ou en vacances ? Choisissez un livre qui correspond au lieu : les Essais de Montaigne, Ernest Hemingway, ou Jack Kerouac pour l'Amérique ; John Muir ou Machiavel pour l'Italie, pour la France, Georges Perec , etc. aller dans une direction aléatoire? Lisez du Henry Thoreau ou du Vladimir Nabokov.

Gérer son deuil ? Lisez n'importe quoi de Tarah Brach, Torch, ou When Breath Becomes Air de Paul Kalanithi .

Vivez-vous une crise d'auto-immortalité ? (Cela nous arrive à tous.) Lisez Les plaisirs cachés de la vie de Theodore Zeldin ou De la brièveté de la vie de Sénèque.

Gérer l'adversité ? Votre emploi a été perdu? Lisez Les Méditations de Marc-Aurèle ou L'obstacle est le chemin de Ryan Holiday.

Vous n'êtes pas satisfait de votre travail ? Lisez Linchpin de Seth Godin, Mastery de Robert Greene ou Mihaly Le flux de recherche de Csikszentmihalyi .

Si j'étais médecin, je recommanderais la lecture. Ils sont parfois aussi puissants que les produits pharmaceutiques.

Garder à l'esprit ce que vous lisez

Si vous lisez en faisant les sept activités suivantes, vous vous souviendrez davantage de ce que vous avez lu.

Prendre des notes

Prendre des notes est une première étape cruciale pour réfléchir et intérioriser ce que vous avez lu.

La meilleure méthode de prise de notes est celle qui fonctionne pour vous et qui est simple à suivre. Bien qu'il existe d'innombrables systèmes disponibles en ligne, vous devez en choisir un et le personnaliser jusqu'à ce que vous ayez votre propre système. D'autres préfèrent une approche numérique, tandis que certaines personnes préfèrent prendre des notes sur des fiches ou dans un livre banal. Bien que tout le monde (pas seulement les écrivains) puisse bénéficier de la prise de notes, elles sont plus utiles si vous écrivez fréquemment.

Transcrire tous les paragraphes ou phrases importants après avoir rédigé un bref résumé de chaque chapitre. Si vous avez du mal à condenser vos idées, prétendez qu'on vient de vous donner une tape sur l'épaule et qu'on vous demande d'expliquer le chapitre que vous venez de terminer de lire. Ils n'ont aucune connaissance du sujet parce qu'ils n'ont pas lu ce livre. Que leur diriez-vous pour l'expliquer ?

Robert Greene explique comment il prend des notes dans Les 3 secrets qui m'aident à écrire et à penser.

Quand je lis un livre, je recherche les éléments essentiels du travail qui peuvent être utilisés pour créer les stratégies et les histoires qui apparaissent dans mes livres. Pendant que je lis un livre, je souligne les passages et les sections importants et je mets des notes... sur le côté.

Une fois la lecture terminée, je vais souvent la mettre de côté jusqu'à une semaine et réfléchir profondément aux leçons et aux histoires clés qui pourraient être utilisées pour mon projet de livre. Je reviens ensuite et mets ces sections importantes sur des fiches.

Pas seulement lire beaucoup, mais faire attention à la façon dont les phrases sont assemblées, les clauses sont jointes, la façon dont les phrases forment un paragraphe. Des exercices aussi stupides que de prendre un livre que vous aimez vraiment, d'en lire une page trois ou quatre fois, de le poser, puis d'essayer de l'imiter mot pour mot afin que vous puissiez sentir vos propres muscles essayer d'atteindre certains des objectifs. effets que la page de texte que vous aimez a fait. Si vous êtes comme moi, ce sera dans votre incapacité à le dupliquer que vous apprendrez réellement ce qui se passe. Cela semble vraiment, vraiment stupide, mais en fait, vous pouvez lire une page de texte, n'est-ce pas ? Et "Oh, c'était plutôt bien..." mais vous n'avez aucune idée de l'infinité de choix qui ont été faits dans ce texte jusqu'à ce que vous commenciez à essayer de les reproduire.

Écrivez votre résumé de chapitre à la fin de chaque chapitre pendant que vous lisez. Lorsque votre session de lecture est terminée, cela aide à synthétiser ce que vous lisez. Pour préparer votre esprit à l'endroit où vous vous trouvez dans le livre lorsque vous commencerez le livre demain, commencez par lire les résumés des deux chapitres précédents.

Maintenez votre concentration

Prenez la décision de ne prêter attention qu'au livre pendant que vous lisez. Aucune vérification rapide de Twitter. Aucun e-mail. Aucun appareil mobile. Pas de télé. Pas de regard en l'air. Une concentration profonde est nécessaire pour comprendre et digérer un livre, surtout si le sujet est difficile ou épais. Nous voulons que vous lisiez activement, alors gardez cela à l'esprit. La concentration et l'engagement sont nécessaires pour une lecture active.

Dans The Shallows, Nicholas Carr fait référence à une époque antérieure à Internet, en disant que "les gens ont établi leurs propres associations, ont tiré leurs propres conclusions et analogies, et ont nourri leurs propres idées dans les espaces calmes ouverts par la lecture prolongée et sans distraction d'un Ils ont tous les deux beaucoup lu et réfléchi.

Si un livre est trop long ou sur lequel vous avez du mal à vous concentrer, limitez votre lecture à seulement 25 pages par jour. Un texte difficile peut être lu en peu de temps. Cela peut prendre des mois pour terminer un long livre de cette façon, mais au moins vous n'aurez pas été submergé ou ennuyé en le lisant.

Marquez la page

La plupart d'entre nous ont appris dans notre enfance à ne pas plier les coins des pages ou à ne jamais écrire dans les marges, car les livres sont des objets précieux. Cependant, oubliez de maintenir les livres en parfait état si vous voulez vous souvenir de ce que vous avez lu. J'ai consacré beaucoup de temps à faire oublier à mes enfants l'interdiction d'écrire dans les livres.

En fait, utilisez les notes marginales jusqu'au bout. Votre esprit sera plus engagé lors de la lecture si vous écrivez plus.

Prenez l'habitude d'engager une conversation avec l'auteur en prenant des notes sur les liens et les idées hors sujet, en soulignant les parties importantes, et plus encore. Certains experts conseillent de créer votre propre index des pages importantes ou d'utiliser des acronymes (Maria Popova de Brain Pickings place "BL" à côté de n'importe quelle belle langue, par exemple).

La première fois que vous écrivez dans un livre peut être intimidante, mais avec le temps, cela favorise une profonde appréciation et un sentiment d'intimité avec l'auteur.

"Nous avons tous pris la frontière blanche comme la nôtre / et avons pris un stylo ne serait-ce que pour prouver / nous ne nous sommes pas simplement allongés dans un fauteuil en tournant des pages", écrit Billy Collins dans un merveilleux poème sur les joies de la marginalia. "Pardonnez les taches de salade aux œufs, mais je suis amoureux."

Faire une image mentale détaillée

La meilleure façon de se souvenir de quoi que ce soit, même de ce que nous lisons, est de créer des images mentales vives. Lorsque vous rencontrez un paragraphe ou une idée cruciale, prenez un moment pour y réfléchir. Rendez l'image aussi remarquable et distincte que possible.

Développer des liens mentaux

Les livres n'existent pas par hasard. Il existe de nombreux liens entre chaque idée ou élément d'information. Une stratégie efficace pour se souvenir de ce que nous lisons est d'essayer de créer nos propres liens.

The Shallows de Nicholas Carr :

Le lien entre le lecteur et l'auteur de livres a toujours été une symbiose étroite, un moyen de fertilisation croisée intellectuelle et artistique. Les mots de l'écrivain agissent comme un catalyseur dans l'esprit du lecteur, inspirant de nouvelles idées, associations et perceptions, parfois même des épiphanies. Et l'existence même du lecteur attentif et critique donne l'impulsion au travail de l'écrivain. Il donne à l'auteur la confiance nécessaire pour explorer de nouvelles formes d'expression, pour tracer des chemins de pensée difficiles et exigeants, pour s'aventurer dans des territoires inexplorés et parfois dangereux.

Observer des modèles mentaux

Nous pouvons comprendre et synthétiser des livres plus facilement grâce aux modèles mentaux. Parmi les applications les plus importantes pour eux figurent:

Quelles parties de ce texte est-ce que j'ignore ? Biais de confirmation Ce livre soutient-il ce que je crois ? (Très bien, mais vos croyances sont-elles confirmées ou voyez-vous simplement ce que vous voulez voir ? Le biais de confirmation peut obscurcir votre jugement si vous ne pouvez pas penser à un seul élément du livre avec lequel vous n'êtes pas d'accord.)

Mise à jour bayésienne Quelles croyances dois-je modifier à la suite de la lecture de ce livre ?

Comment puis-je utiliser les informations qu'il contient pour mettre à jour ma vision du monde ? John Maynard Keynes a dit un jour : « Quand les faits changent, je change d'avis. Que faites-vous, monsieur ?

Quelles sections de ce livre sont les plus cruciales et les plus riches en informations, selon le principe de Pareto ? Que laisserais-je de ce livre si je devais couper 99,9% des mots ? De nombreux auteurs doivent atteindre un certain nombre de mots ou de pages, ce qui entraîne le remplissage de pages (ou même de chapitres entiers) de rembourrage et de peluches. Même les meilleures œuvres de non-fiction durent souvent plus longtemps que nécessaire pour exprimer pleinement leurs points. (Il convient de noter que les œuvres de fiction sont moins sensibles au principe de Pareto.)

Effet de levier : comment puis-je utiliser les connaissances de ce livre à mon avantage ? Puis-je utiliser ces nouvelles informations de manière pratique ?

Qu'est-ce qui motive l'auteur ou les personnages ? Que veulent-ils? Pourquoi sont-ils là ? Dans son essai "Quand j'enseignais l'écriture créative, je dirais aux étudiants de faire en sorte que leurs personnages veuillent quelque chose tout de suite - même si ce n'est qu'un verre d'eau", Kurt Vonnegut a discuté de l'importance des incitations en littérature. Même les personnages paralysés par le non-sens de l'existence moderne ont parfois besoin de s'hydrater.

Préjugé de disponibilité Mes lectures récentes de romans influencent-elles ma vision de celui-ci ? Comment mes rencontres néotériques influencent-elles ce que je lis ? Est-ce que j'accorde aux passages importants et mémorables de ce livre plus de poids qu'ils ne le méritent ?

Propension à stéréotyper : Est-ce que je classe involontairement l'auteur, les personnages ou l'œuvre dans son ensemble ? Ou l'auteur stéréotype-t-il les gens dans ses histoires ? Aucun stéréotype n'est jamais bon ; Souvenez-vous toujours de cela.

Preuve sociale : comment les facteurs de preuve sociale tels que les chiffres de vente, le statut de best-seller et les critiques influencent-ils ce que je ressens à propos de ce livre ? L'auteur essaie-t-il de tromper les lecteurs en utilisant la preuve sociale ? Les auteurs paient fréquemment leur chemin vers les listes de best-sellers, créant ainsi des preuves sociales qui génèrent des ventes importantes. La mauvaise littérature peut donc finir par devenir populaire. C'est un exemple classique de l'empereur nu, dont les lecteurs avisés sont conscients.

Le besoin de raconter des histoires : l'auteur manipule-t-il les faits pour créer une histoire crédible ? Les biographies, les mémoires et les écrits historiques utilisent fréquemment cette technique. Hayden White explique notre propension à faire de l'histoire un récit dans La valeur du récit dans la représentation de la réalité. "Si naturelle est l'impulsion de raconter, si inévitable est la forme de récit pour tout rapport sur la façon dont les choses se sont réellement passées, que la narration ne pouvait apparaître problématique que dans une culture où elle était absente", écrit White. Le méta-code du récit est un universel humain. Ce n'est que lorsque nous voulons donner à des événements authentiques une structure semblable à une histoire que le récit devient problématique. L'importance accordée à la narration dans la description des événements réels découle du désir que les événements réels reflètent la cohérence, l'intégrité, l'intégralité et la clôture d'une version idéalisée de la vie qui n'existe que dans l'esprit. L'idée que les séquences d'événements réels ont les mêmes caractéristiques formelles que les histoires que nous racontons à propos d'événements fictifs ne peut avoir ses racines que dans les espoirs, les fantasmes et les rêveries. Le monde nous apparaît-il vraiment comme des histoires bien ficelée avec des débuts, des milieux et des fins clairs, ainsi qu'une cohérence qui nous permet de percevoir « la fin » dans chaque début ? Ou prend-elle plus fréquemment les formes que suggèrent les chroniques et les annales, comme des séquences simples dépourvues de débuts et de fins ou des séquences de débuts qui ne font que s'achever et ne continuent jamais ? Et le monde, y compris le monde social, nous « parle-t-il » vraiment de lui-même hors de l'horizon de notre capacité à le comprendre scientifiquement ? Ou le développement de l'autorité morale sans laquelle l'idée d'une réalité spécifiquement sociale serait impensable est-il nécessaire à la fiction d'un tel monde, un monde capable de parler de lui-même et de se révéler comme une forme de récit ?

Préjugé de survie Ce livre (non romanesque) reflète- t -il vraiment la réalité, ou l'auteur a-t-il négligé les taux de base ? Les livres sur les affaires, l'entraide et les biographies présentent souvent un biais de survie. Il est possible de considérer un cas spécifique d'une personne ou d'une entreprise prospère comme la règle plutôt que l'exception.

Utilité : les recommandations d'un livre ont-elles des applications dans le monde réel ? Quand les rendements décroissants commencent-ils à se produire ?

Lorsque vous vous ennuyez, arrêtez-vous
Les gens qui aiment lire ne finissent généralement jamais un mauvais livre.

On ne peut jamais lire trop peu ou trop de bons livres, selon Schopenhauer, qui a également déclaré que «les mauvais livres sont un poison intellectuel; ils ruinent l'esprit». La vie est bien trop courte pour lire un livre de qualité inférieure.

Nancy Pearl soutient la règle des 50 ans. Cela comprend la lecture des 50 premières pages d'un livre avant de déterminer s'il vaut la peine de continuer à lire. La règle de 50 a une recommandation intrigante : après avoir atteint 50 ans, retirez votre âge sur 100 et lisez le même nombre de pages. Perle écrit :

Et si, au bas de la page 50, tout ce qui vous intéresse vraiment, c'est qui épouse qui, ou qui est le meurtrier, alors tournez-vous à la dernière page et découvrez. Si ce n'est pas sur la dernière page, tournez-vous vers l'avant-dernière page, ou l'antépénultième page, ou aussi loin qu'il faille remonter pour découvrir ce que vous voulez savoir... Lorsque vous avez 51 ans ou plus, soustrayez votre âge de 100 , et le nombre qui en résulte (qui, bien sûr, diminue chaque année) est le nombre de pages que vous devriez lire avant de pouvoir abandonner sans culpabilité un livre... Lorsque vous atteignez 100 ans, vous êtes autorisé (par la règle de 50) à juger un livre par sa couverture.

Nassim Taleb souligne également l'importance de ne jamais terminer un livre de qualité inférieure :

Dès que je m'ennuyais avec un livre ou un sujet, je passais à un autre, au lieu d'abandonner complètement la lecture - quand vous êtes limité au matériel scolaire et que vous vous ennuyez, vous avez tendance à abandonner et à ne rien faire ou faire l'école buissonnière par découragement... L'astuce consiste à s'ennuyer avec un livre en particulier, plutôt qu'avec l'acte de lire. Ainsi, le nombre de pages absorbées pourrait croître plus rapidement qu'autrement. Et vous trouvez de l'or, pour ainsi dire, sans effort, tout comme dans la recherche rationnelle mais non dirigée basée sur des essais et des erreurs.

« Les choses que vous recherchez, Montag , sont dans le monde, mais la seule façon pour un type moyen d'en voir quatre-vingt-dix-neuf pour cent est dans un livre. »

— Ray Bradbury, Fahrenheit 451

Le processus éducatif
La majorité des individus croient qu'absorber des connaissances équivaut à les connaître. Rien n'est plus faux que l'idée.

La réflexion et la rétroaction sont des éléments fondamentaux du processus d'apprentissage. Nous acquérons des croyances basées sur des expériences, qu'elles soient les nôtres ou celles des autres, et à moins que nous ne prenions le temps d'y réfléchir, elles restent non testées. Vos jugements seront instables si vous lisez quelque chose sans prendre le temps d'y réfléchir.

Nous lisons des livres pour diverses raisons, dont l'une est la richesse des détails qu'ils fournissent, ce qui nous permet de vivre le parcours de l'auteur alors qu'il établit des liens et réfléchit, ainsi que de voir le monde à travers ses yeux. Cela permet à notre cerveau de capter les abstractions de l'auteur ainsi que le moment où ces abstractions sont les plus susceptibles de réussir et d'échouer (grâce à la grande quantité de détails).

Utilisez ce que vous avez découvert.
Vous avez terminé le livre, alors. Et après? Comment pouvez-vous mettre vos nouvelles connaissances en pratique ? Au lieu de simplement partir avec la pensée « Oh ouais, je devrais faire complètement ce que l'auteur

conseille », soyez plus réfléchi. Passez du temps à élaborer une stratégie et à décider comment appliquer les enseignements les plus importants du livre.

La lecture en elle-même est insuffisante. La contextualisation des connaissances est nécessaire. Quand fonctionne-t-il ? Quand ne fonctionne-t-il pas ? Où puis-je l'utiliser ? Quels sont les principaux facteurs ? La liste continue. L'application immédiate de ce que vous avez appris peut vous aider à mieux vous en souvenir et à lui donner un contexte et un sens.

Utilisation de la méthode Feynman

Richard Feynman, un physicien qui a remporté le prix Nobel, est honoré de la technique Feynman. Il peut être considéré comme un algorithme d'apprentissage garanti. Il y a quatre étapes faciles : choisir un sujet, le présenter à un jeune enfant, trouver les lacunes et se référer au matériel original, et enfin réviser et simplifier.

Une méthode efficace pour ancrer les connaissances dans votre esprit consiste à enseigner aux autres. C'est une composante de la méthode de Feynman.

Après avoir terminé un livre, parlez à la personne la plus proche (volontaire) de ce que vous avez appris. Vous devrez supprimer ou clarifier tout jargon, expliquer pourquoi l'information est importante et guider le public à travers le raisonnement de l'auteur. Cela semble facile. Une fois que vous l'aurez essayé pour la première fois, vous verrez que ce n'est pas simple.

Essayez de vous parler si personne d'autre à proximité n'est intéressé. Ce que je fais, c'est ça. mais je suis peut-être fou.

Si cela ne fonctionne pas, publiez une critique à ce sujet sur Reddit , Amazon, Goodreads ou tout autre site Web susceptible d'intéresser les lecteurs.

L'un des avantages de notre groupe de lecture en ligne est que les participants sont obligés de réfléchir à ce qu'ils apprennent. Les commentaires aux questions hebdomadaires que nous fournissons sur les lectures requises sont variés et réfléchis.

Le jargon disparaît, et les angles morts sont comblés. C'est incroyable à regarder. En conséquence, les personnes qui ont lu un livre avec nous disent qu'elles ont retenu considérablement plus d'informations qu'elles n'en auraient autrement.

La citation "Quand nous lisons, une autre personne pense pour nous : nous imitons simplement son processus mental" est attribuée à Schopenhauer. Vous devez examiner vos opinions et comment elles se comportent face à la critique si vous voulez éviter cela.

Vos notes doivent être consultables.
Vos notes peuvent être organisées d'innombrables façons, par exemple par livre, auteur, sujet et heure de lecture. Quel que soit le système que vous choisissez, tant que vous pouvez localiser les notes à l'avenir, c'est suffisant.

Une base de données de toutes les connaissances acquises grâce à la lecture est un outil inestimable qui peut être consulté chaque fois que vous avez besoin d'une idée, d'un désir d'inspiration ou d'un désir de confirmer une pensée. Vous accumulerez une banque de connaissances au fil du temps dans laquelle vous pourrez puiser en cas de besoin, d'incertitude ou de catastrophe. Il est difficile d'exprimer à quel point cela pourrait devenir précieux.

"Grâce à mes lectures, je n'ai jamais été pris au dépourvu par aucun événement, jamais perdu quant à la manière dont un problème a été résolu (avec ou sans succès)", a écrit le général Mattis . Il ne me fournit pas toutes les solutions, mais il éclaire ce qui est souvent une route sombre à parcourir.

Vous disposez des options suivantes pour cataloguer vos notes :

Une boîte de fiches classées par sujet, auteur ou période de lecture. Vous pouvez faire glisser les fiches autour.

Un livre de lieux communs (encore une fois, idéalement organisé par sujet, auteur ou moment de lecture).

Un programme informatique tel que Microsoft Word, OneNote ou Ever-note. Si vous vous référez fréquemment à vos notes, l'avantage supplémentaire de la capacité de recherche dans les systèmes numériques peut vous faire gagner beaucoup de temps.

Prenez le temps de parcourir ces notes et d'en discuter.

Relisez (si nécessaire)

Vous devriez lire la grande littérature plus d'une fois. Parce qu'il y a tellement d'autres livres à lire, les relire peut sembler une perte de temps, mais c'est une mauvaise compréhension du fonctionnement de l'apprentissage. Il est préférable de relire un livre superbe immédiatement après l'avoir terminé. Ne pas lire autant de livres que possible est l'objectif ; Je l'ai essayé et ça ne marche pas. L'objectif est d'en apprendre le plus possible.

La relecture d'excellents livres est cruciale si l'on souhaite conserver les informations qu'ils contiennent. Il faut de la répétition pour créer des souvenirs durables. Si vous voulez apprendre quelque chose de la lecture qui vous restera à l'esprit, comme le conseillait Sénèque, « vous devriez prolonger votre séjour parmi des écrivains dont le talent est incontestable, en vous nourrissant constamment ».

Il n'y a pas de meilleure façon de terminer cet article qu'avec les sages paroles d'Henry Thoreau :

Les livres sont la richesse précieuse du monde et le digne héritage des générations et des nations. Les livres, les plus anciens et les meilleurs, se tiennent naturellement et à juste titre sur les étagères de chaque chalet. Ils n'ont pas de cause propre à plaider, mais s'ils éclairent et soutiennent le lecteur, son bon sens ne les refusera pas. Leurs auteurs sont une aristocratie naturelle et irrésistible dans toutes les sociétés, et, plus que les rois ou les empereurs, exercent une influence sur l'humanité.

Chapitre 5

Comment étudier pour les examens

Quel que soit votre niveau ou votre matière, les conseils suivants peuvent vous aider à apprendre à étudier plus rapidement et plus efficacement. Suivre ces suggestions vous aidera à être bien préparé pour l'examen que vous passerez, et cela soulagera la frustration de passer des heures à étudier pour tout oublier au moment de passer le test.

Conseils sur la façon d'étudier pour un test : conseils généraux

Tout test ou cours auquel vous vous préparez bénéficiera des quatre conseils énumérés ci-dessous. Avec l'aide de ces idées, vous pouvez apprendre à étudier efficacement et être prêt pour tous les futurs tests que vous pourriez passer.

1. **Maintenir un calendrier d'études.**

Faire un emploi du temps d'étude peut être d'une aide précieuse si vous avez du mal à étudier fréquemment. Votre esprit s'habitue à quelque chose en l'exécutant fréquemment. Cela finira par devenir une habitude qui est (généralement) simple à maintenir si vous fixez un moment pour étudier tous les jours et que vous vous y tenez. Votre concentration et votre endurance mentale augmenteront progressivement si vous développez une routine d'étude régulière. De plus, comme pour toute forme d'entraînement, l' étude devient plus facile avec la pratique.

Déterminez à quelle fréquence vous pouvez étudier sans trop alourdir votre emploi du temps en examinant honnêtement votre emploi du temps, qui devrait inclure tout votre travail, vos activités parascolaires et vos autres engagements. Essayez de passer au moins une heure deux fois par semaine. Ensuite, choisissez un moment qui vous convient pour étudier, comme les mardis, jeudis et dimanches de 19h à 20h, et respectez-le. Vous devrez peut-être ajuster votre routine au début, mais vous finirez par trouver le rythme d'étude qui vous convient le mieux. Il est crucial que vous vous engagiez et que vous étudiiez aux mêmes heures chaque semaine, si possible.

2. Commencez à étudier plus tôt et passez moins de temps à étudier.

Certaines personnes peuvent étudier pendant une longue période la veille du test et recevoir quand même une note de passage. Mais ce n'est pas aussi courant qu'on pourrait le croire. La plupart des gens ont besoin d'une exposition répétée au matériel sur une période de temps afin de vraiment le mémoriser. Cela indique que vous devez diviser vos études en périodes plus petites réparties sur une plus longue période de temps plutôt que de faire une seule longue session d'étude. Une seule séance de préparation de cinq heures ne sera pas aussi utile que cinq séances d'étude d'une heure réparties sur une semaine. Savoir combien de temps et à quelle fréquence vous devriez étudier pour un cours peut prendre un certain temps, mais une fois que vous l'aurez fait, vous pourrez vous souvenir du matériel dont vous avez besoin et réduire une partie du stress lié aux études, aux tests et aux études.

3. Éliminer les distractions

Il peut être très tentant de faire de « courtes pauses » dans votre travail lorsque vous étudiez, surtout si c'est pour un sujet que vous n'aimez pas. Nous sommes entourés d'innombrables distractions qui tentent de détourner notre attention du travail en cours. Cependant, succomber à la tentation peut être une expérience terrible. Un simple coup d'œil sur votre téléphone peut rapidement se transformer en une heure de navigation en ligne, ce qui ne vous aidera pas à atteindre la note souhaitée. Supprimez toutes les distractions de votre zone d'étude pour éviter qu'elles ne se produisent.

Avant de commencer à étudier, prenez un repas ou une collation pour éviter la tentation d'utiliser le réfrigérateur comme distraction.

Mettez votre téléphone en mode silencieux et placez-le dans une autre pièce. Si votre WIFI n'est pas nécessaire lorsque vous étudiez sur un ordinateur, désactivez-le. Assurez-vous que vous ne pouvez pas quitter votre espace d'étude tant que votre temps d'étude n'est pas terminé.

4. Célébrez vos réalisations en vous récompensant

Chaque fois que vous atteignez une étape d'apprentissage, offrez-vous quelque chose de minuscule pour rendre l'étude un peu plus agréable. Pour chaque 25 cartes mémoire sur lesquelles vous vous testez, par exemple, vous pouvez manger un bonbon, ou pour chaque heure que vous passez à étudier, vous pouvez utiliser votre téléphone pendant 10 minutes. Vous pouvez également vous récompenser plus généreusement pour des objectifs à plus long terme, comme aller manger une glace après une semaine de comportement d'étude discipliné. Ce n'est pas toujours simple d'étudier efficacement, mais en vous récompensant, vous resterez motivé.

Conseils pour conserver les informations après les avoir apprises

Bien que la lecture des notes de cours soit l'approche traditionnelle de l'étude, c'est vraiment l'un des moyens les moins efficaces d'apprendre et de mémoriser des informations.

Cette section couvre quatre techniques beaucoup plus pratiques. Au lieu de parcourir passivement des notes, elles incluent toutes un apprentissage actif, où vous révisez activement le sujet. Nous conseillons une étude active pour tout test auquel vous vous préparez, car il s'est avéré être une stratégie beaucoup plus efficace pour comprendre et retenir les informations.

5. Reformulez le contenu dans vos propres mots

Il est simple de se perdre dans un manuel et de jeter un coup d'œil sur une page pour constater que vous avez oublié tout ce que vous avez lu. Heureusement, il existe une solution pour éviter cela.

Assurez-vous de faire des pauses pendant que vous lisez pour toute classe qui a beaucoup de devoirs de lecture. Réfléchissez à ce que le texte vient de dire sans regarder, lorsque vous faites une pause à la fin de chaque paragraphe, page ou chapitre (ce que vous pouvez lire à la fois tout en vous rappelant clairement dépendra probablement du sujet que vous lisez). Reformulez-le dans vos propres mots et, si cela vous aide, faites-en des points. Vérifiez si vous avez correctement décrit le contenu et inclus tous les aspects cruciaux en relisant le matériel. Après avoir noté tout ce que vous avez manqué, poursuivez votre lecture là où vous l'avez laissée.

Reformuler le texte est une technique d'étude très utile, que vous décidiez de prendre des notes ou que vous préfériez lire le résumé à haute voix. Au lieu de simplement déplacer vos yeux sur une page sans lire, vous pouvez vous assurer que vous mémorisez réellement le contenu et comprenez sa signification en reformulant le contenu dans vos propres mots.

6. Développer des cartes flash

Les flashcards sont une méthode d'étude courante, et pour une bonne raison ! Ils sont plus simples à créer, à transporter et à sortir pour une brève session d'étude que de simplement parcourir des pages de notes, et ils sont plus efficaces que cela. Faire vos propres flashcards est très utile car simplement écrire le matériel sur les cartes vous aidera à vous en souvenir. Les flashcards sont le meilleur outil d'étude pour tout sujet où vous devez vous souvenir des relations entre les termes et les données, telles que les mathématiques, le vocabulaire, les équations ou les dates historiques. Lorsque vous étudiez à l'aide de cartes mémoire, la méthode de la cascade est conseillée car c'est le moyen le plus rapide de se souvenir de tout sur les cartes.

7. Transmettre le savoir aux autres

Une approche fantastique pour organiser vos connaissances et évaluer votre compréhension de celles-ci consiste à enseigner à quelqu'un d'autre. Cela vous démontre souvent que vous connaissez le sujet mieux que vous ne le pensez. Trouvez un partenaire d'étude, un ami, un parent, un animal de compagnie ou même simplement une figurine ou un animal en peluche, et enseignez-leur l'information comme s'il s'agissait de quelque chose qu'ils n'avaient jamais entendu auparavant. Enseigner quelque chose à voix haute vous oblige à recadrer les informations de manière nouvelle et à réfléchir plus attentivement à la façon dont tous les composants s'emboîtent, que la personne à qui vous enseignez soit réelle ou non. Parcourir le contenu de cette nouvelle approche vous permet également de le mémoriser plus facilement.

8. Créez vos propres guides d'étude

Nous vous conseillons fortement de créer votre propre matériel d'étude même si votre professeur vous donne des conseils d'étude. Fabriquer le matériel vous-même aidera à garder les informations dans votre esprit, et vous pouvez concevoir vos propres guides d'étude pour utiliser des cartes mémoire, des photos, des tableaux ou d'autres méthodes d'apprentissage qui vous conviennent le mieux. Si vous vous préparez à un examen de biologie, vous pouvez, par exemple, créer votre propre cellule et étiqueter les parties, créer un diagramme du cycle de Krebs, créer une chaîne alimentaire, etc. Inclure des illustrations telles que des diagrammes et des photographies dans votre matériel d'étude si vous préférez apprendre visuellement ou si vous aimez simplement le faire.

Pour créer vos propres tableaux et diagrammes, vous devrez peut-être recréer de mémoire ceux que vous trouverez dans votre manuel ou vous obliger à rassembler vous-même diverses informations. Écrire vos informations et créer des visuels à partir de celles-ci sera une excellente approche pour vous aider à vous souvenir du sujet, quel que soit le style de diagramme ou la classe.

Étudier pour un examen d'histoire

Le nombre de faits et de dates dont vous devez vous souvenir pour les examens d'histoire est bien connu. Utilisez ces deux suggestions pour faciliter la mémorisation des connaissances.

9. Observer les causes et les effets

Il est simple et séduisant de se contenter d'examiner de longues listes de dates relatives à des événements importants, mais cela ne sera probablement pas suffisant pour que vous réussissiez bien à un test d'histoire, en particulier s'il implique de l'écriture. Concentrez-vous sur la compréhension des causes du conflit et de ses effets durables sur le monde plutôt que sur l'étude des dates importantes, par exemple, de la Première Guerre mondiale. Vous serez en mesure de relier les événements importants aux grands thèmes historiques que vous étudiez. si vous comprenez les causes et les conséquences de ces événements. De plus, connaître des détails supplémentaires sur un événement vous aidera souvent à vous souvenir des moindres détails et des dates associées.

10. Faites vos propres horaires

Pour un test d'histoire, vous devrez peut-être connaître un grand nombre de dates. Ne présumez pas que la simple lecture de vos notes à haute voix suffirait dans ces situations. Si vous lisez simplement une liste de dates, il faudra un certain temps pour qu'elles restent toutes dans votre mémoire, à moins que vous n'ayez une mémoire exceptionnelle. Créez plutôt votre propre chronologie.

Assurez-vous que votre premier calendrier est bien organisé, avec tous les détails nécessaires disposés dans un style qui a du sens pour vous (ce sera généralement chronologique, mais vous pouvez également choisir de l' organiser par thème). Utilisez différentes couleurs, mettez en surbrillance les informations clés, dessinez des flèches pour relier les informations, etc. pour rendre cette chronologie aussi claire et utile que possible. Réécrivez votre chronologie de mémoire lorsque vous avez étudié assez longtemps pour vous sentir confiant dans votre compréhension des dates. Incluez autant d'informations que vous vous souvenez ; il n'a pas besoin d'être agréable et ordonné. Écrivez des chronologies de mémoire tout en étudiant de cette manière jusqu'à ce que vous ayez toutes les connaissances dans votre tête.

Comment se préparer à un examen de mathématiques

De nombreux étudiants trouvent les tests de mathématiques particulièrement intimidants, mais si vous êtes bien préparé, ils peuvent souvent être simples.

11. Refaire les problèmes d'affectation

Les tests de mathématiques ressemblent généralement plus à vos devoirs récents que les autres évaluations. Cela implique que vous pouvez vous entraîner à résoudre des dizaines de problèmes pratiques dans vos devoirs. Essayez de passer en revue les questions pratiques de chaque sujet sur lequel vous serez évalué, en accordant une attention particulière aux questions avec lesquelles vous avez eu des difficultés. Ne vous contentez pas de répéter votre solution initiale au problème. Au lieu de cela, retravaillez le problème, cachez vos notes et trouvez une nouvelle solution. Lorsque vous avez terminé, révisez votre réponse. Cela garantira que vous conservez les connaissances et que vous avez une compréhension approfondie des concepts.

12. Faire une feuille de formule

Il peut être difficile de se souvenir de toutes les formules que vous utilisez en cours de mathématiques et de savoir quand les appliquer. Au fur et à mesure que vous apprenez de nouvelles formules cruciales tout au long de l'année, mettez-les sur une feuille de formules que vous avez créée. Incluez un exemple de problème qui utilise la formule ainsi que toutes les notes que vous avez sur le moment d'appliquer chaque formule. Vous aurez une référence utile pour les connaissances essentielles que vous avez apprises lors de votre prochain test d'arithmétique.

Comment se préparer à un test en anglais

Voici deux suggestions de préparation, que votre test d'anglais vous oblige ou non à écrire.

13. Prendre des notes pendant la lecture

Il peut être tentant de relire la lecture de votre leçon d'anglais dès que vous le pouvez avant de passer à autre chose. Cependant, il s'agit d'une mauvaise méthode de rétention d'informations, et le jour du test, vous pourriez avoir du mal à vous souvenir d'une grande partie de ce que vous avez lu. De plus, souligner des parties importantes est une méthode d'étude trop passive. Prendre des notes est une excellente technique pour vous assurer que vous vous souvenez de ce que vous lisez. Bien que cela demande plus de temps et d'efforts, cela vous aidera à vous souvenir du matériel ? De plus, vous n'aurez pas à parcourir le livre à la hâte pour essayer de vous rappeler ce que vous avez lu, car vous aurez un guide d'étude pratique à votre disposition lorsqu'il sera temps d'étudier. Vos notes seront plus utiles si vous y réfléchissez davantage. Si cela a du sens pour vous, envisagez de les regrouper par thème, personnage ou une autre catégorie.

14. Créer des exemples de plans de dissertation

Créer des plans de dissertation pendant que vous étudiez est l'une des meilleures méthodes pour être prêt si le test que vous passez nécessite que vous rédigiez une dissertation. Envisagez des sujets de dissertation possibles sur lesquels votre professeur pourrait vous demander d'écrire. Réfléchissez aux concepts clés, aux personnages, aux intrigues, aux analogies littéraires, etc. que vous avez abordés en classe et notez quelques sujets de dissertation possibles. Le simple fait de faire cela vous encouragera à réfléchir de manière critique aux informations et à améliorer votre préparation au test.

Rédigez les grandes lignes des questions que vous posez après cela (ou, si vous avez proposé de nombreuses invites, choisissez celles qui sont les plus susceptibles d'être décrites). Ces grandes lignes ne doivent inclure que votre thèse et quelques éléments importants pour chaque paragraphe du corps ; ils n'ont pas besoin d'être particulièrement détaillés. Même si votre professeur choisit une invite différente de celle que vous avez proposée, le simple fait de planifier le sujet et la structure organisationnelle de votre dissertation vous permettra de mieux vous préparer pour le test.

Actions à effectuer la veille de l'examen

Malheureusement, de nombreux étudiants prennent des décisions d'étude la veille d'un test, ce qui réduit en fait leurs chances d'obtenir une bonne note. Vous pouvez effectuer un examen final en utilisant ces trois suggestions, et vous serez au sommet de votre art le lendemain.

15. Dormez suffisamment

Être bien reposé avant de passer un examen est l'une des meilleures méthodes pour s'y préparer, quel qu'en soit le type. Essayer de mémoriser des faits en restant éveillé toute la nuit est une stratégie d'étude inefficace, et être épuisé le lendemain peut affecter négativement vos capacités de test. La veille du test, essayez de dormir huit bonnes heures afin de pouvoir vous réveiller reposé et prêt à réussir l'examen.

16. Passer en revue les idées clés

Il peut être tentant d'essayer de revoir autant de matériel que possible la veille d'un test, mais cela vous rendra probablement simplement stressé et submergé par le matériel dont vous essayez de vous souvenir. Si vous avez passé en revue le matériel de manière constante tout au long du cours, vous ne devriez pas avoir besoin de beaucoup plus qu'un examen rapide des principaux concepts et, éventuellement, de quelques-uns des petits détails que vous trouvez difficiles à retenir. Même si vous essayez de rattraper votre retard dans vos études et que vous essayez de revoir beaucoup de matériel, résistez à la nécessité de caser et de vous concentrer sur quelques thèmes clés. Le maintien d'une révision modeste de la dernière nuit augmentera vos chances d'apprendre le matériel et vous évitera de rester debout trop tard pour étudier.

17. Faites vos devoirs juste avant de vous coucher

Selon des études, l'examen du matériel juste avant de se coucher améliore le rappel de la mémoire le lendemain. (Cela est vrai même si vous étudiez le matériel dès que vous vous réveillez.) Cela ne signifie pas que vous devriez rester éveillé toute la nuit à étudier (rappelez-vous le conseil n° 15), mais examinez tout matériel important que vous souhaitez réviser ou rencontrez des difficultés. mémoriser juste avant d'aller au lit.

www.ingramcontent.com/pod-product-compliance
Lightning Source LLC
LaVergne TN
LVHW050321160826
845677LV00014B/3508

* 9 7 9 8 3 7 0 5 3 7 7 8 3 *